# Liebe Leserin, lieber Leser!

*Erinnern Sie sich noch an das Gefühl, eine harte Knetstange zwischen den Handflächen zu erwärmen, bis die Knete so weich und geschmeidig geworden ist, dass sie sich modellieren lässt? Inzwischen gibt es Modelliermassen in leuchtenden Farben, die sich sofort verarbeiten lassen und ganz einfach im Backofen gehärtet werden. So zaubern Sie haltbare und dekorative Figuren, die auf der Fensterbank gute Laune verbreiten oder fröhlich am Rucksack baumeln.*
*Modellieren macht Spaß, Modellieren ist kinderleicht und die lustigen Schlenkertiere, die ich für Sie entworfen habe, können Sie im Nu nacharbeiten! Das sind doch Gründe genug, um sofort zu beginnen! Die Übersichten zu jedem Modell zeigen Ihnen dabei Schritt für Schritt, wie die Figuren modelliert werden.*

*Ich wünsche Ihnen viel Spaß mit meinen Schlenkerfiguren,*

*Ihre*

Liesa Bastian

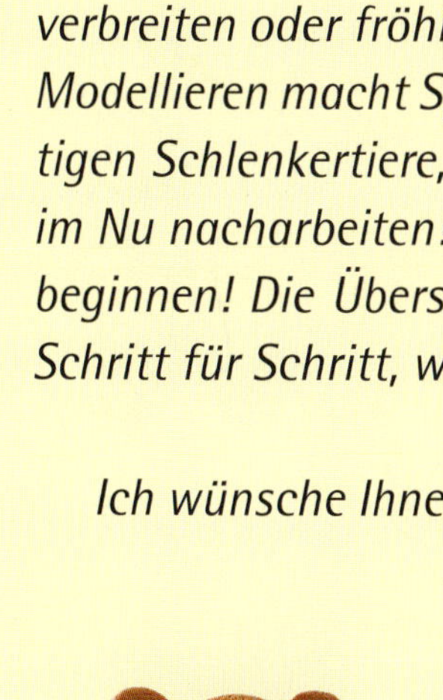

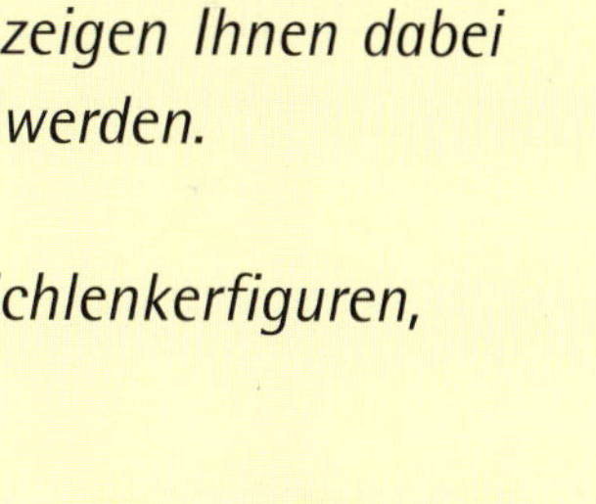

# Inhaltsverzeichnis

EBERHARDFABER
FIMO
SOFT
130°C/265°F
~30 min.
Modelliermasse · Modelling Material · Pâte à modeler
Schwarz
Decorlack
lacquer
laque
lacca
lak
Marabu
Scharlachrot
Decormatt
mat
mate
Bastelfarbe
fine
DECORO LACKMARKER

# Basteln mit Modelliermasse

## Modelliermasse

Fimo ist in zwei Qualitäten erhältlich: Die klassische Modelliermasse (Fimo-Klassik) knetet man vor Beginn des Modellierens in den Handflächen weich, sie ist schon im ungehärteten Zustand formstabil und für filigrane Arbeiten hervorragend geeignet.
Weiche Modelliermasse (Fimo-Soft) ist ideal für Kinderhände. Sie muss nicht vorgeknetet werden, sondern lässt sich sofort verarbeiten. Die Vielzahl der angebotenen Farbtöne bietet eine schier unendliche Palette von Farbvarianten.
Angebrochene Modelliermasse-Packungen sind über Monate haltbar, wenn die Masse luftdicht verschlossen aufbewahrt wird. Dazu eignen sich Alufolie, Blechdose oder Polyäthylenbeutel. Behältnisse aus PVC sind ungeeignet.
Fimo enthält keine giftigen bzw. gesundheitsschädlichen Stoffe und entspricht der europäischen Norm zur Sicherheit von Spielzeug.

**Tipp:** *Die Fimo-Blöcke sind zur besseren Portionierung in 8 Rippen eingeteilt. Arbeiten Sie mit Modelliermasse ohne Rippeneinteilung, unterteilen Sie die Blöcke entsprechend mit Hilfe eines Lineals.*

## Arbeitsfläche

Eine Glasplatte, Metallplatte oder auch eine glatte Fliese sind die idealen Arbeitsflächen, da man sie zusammen mit den Werkstücken in den Ofen geben kann.

## Härten und Bemalen

Die Modelliermasse lässt sich ganz einfach im Backofen bei max. 130°C in etwa 20 bis 30 Minuten härten. Zur Kontrolle der Temperatur ist ein Ofenthermometer von Vorteil. Ideale Unterlagen zum Härten sind Glasplatten, Metallplatten, Kacheln oder Alufolie. Gehärtete Modelliermasse lässt sich mit allen Farben auf Wasserbasis bemalen. Um den Farbauftrag zu schützen und die Farben brillanter wirken zu lassen, empfiehlt es sich, die Werke mit Glanz- oder Mattlack zu versiegeln.

**Tipp:** *Die Figuren in diesem Buch werden vor dem Härten zusammengesetzt. Sollten jedoch einmal Teile nach dem Härten zerbrechen, so lassen sich diese am besten mit einem Zweikomponentenkleber zusammensetzen.*

## Werkzeug

Zur Bearbeitung der Modelliermasse benötigen Sie nur wenige Hilfsmittel: einen Schaschlikspieß, um Löcher in Kopf, Körper, Hände und Füße zu bohren oder der Grundform eine Struktur zu geben; ein kleines, spitzes Messer, um die Modelliermasse zu teilen und z. B. Münder einzuritzen; einen runden glatten Bleistift, um mit diesem „Mini-Nudelholz" Übergänge von Kopf, Ohren und Körper zu glätten.

## Arme und Beine (Abb. 1)

Als Beine, Arme und als Aufhängung eignet sich am besten einfache Paketschnur. Mit dem Schaschlikspieß vor dem Härten ca. 0,5 bis 1 cm tiefe Löcher in Körper, Füße, Hände und Hinterkopf bohren. Für die Arme den ganzen Körper in Brusthöhe durchstechen. Nach dem Härten zum Montieren einen Tropfen Klebstoff (z. B. ein Sekundenkleber-Gel oder ein Zweikomponenten-Klebstoff) in die Löcher der beiden Füße und einer Hand geben, die Schnur hinein stecken und den Klebstoff trocknen lassen. Dann die Armschnur durch den Körper ziehen, die Länge korrigieren und die andere Hand festkleben. Die Beinschnüre erst ohne Klebstoff in den Körper stecken, um die Länge zu prüfen, dann festkleben.

**Tipp:** *Vergessene Löcher können mit einem dünnen Bohrer von Hand nach dem Härten eingedreht werden.*

1

## Augen, Pausbäckchen und Punkte (Abb. 2)

Die Augen mit einem Lackmaler, für Geübte auch mit einem dünnen Pinsel (Stärke 00) und Acrylfarbe auf Wasserbasis aufzeichnen. Für rote Pausbäckchen mit dem Pinsel einen kleinen Tupfer Acrylfarbe auftragen und vorsichtig mit dem Finger verwischen. Für Punkte auf Körper und Flügel aus andersfarbiger Modelliermasse eine Rolle formen, dünne Scheibchen abschneiden und diese auf Körper oder Flügel platzieren. Die Punkte mit einem runden Bleistift einrollen.

2

## Haare (Abb. 3)

Gut geeignet sind farblich passende Flaumfedern. Diese mit der Schere in etwa 0,5 bis 1 cm lange Abschnitte teilen und vor dem Härten einfach in den Kopf bzw. in das Schwanzende stecken. Auch Zauberwolle oder etwa 2 cm lange Schnurstücke eignen sich bestens. Sie werden erst nach dem Härten eingeklebt. Dazu vor dem Härten mit dem Holzspieß ein Loch in die Mitte des Kopfes bohren.

3

# Gemeinsam sind wir unschlagbar!

**1.** Teilen Sie die Modelliermasse wie auf der Übersicht gezeigt und formen Sie daraus gleichmäßige Kugeln.

**2.** Gestalten Sie die Kugeln entsprechend der Übersicht zu Körper, Fell, Kopf, Ohren sowie zu Füßen und Händen aus: Die Kugel für das Fell drücken Sie zu einer dünnen runden Platte. Teilen Sie die Kugeln für Ohren, Füße und Hände mit dem Messer in gleich große Hälften. Die angedeutete Hufform gestalten Sie mit dem Schaschlikspieß.

**3.** Drücken Sie die Ohren an den Kopf und legen Sie die Fell-Platte um Hinterkopf und Ohren. Die Modelliermasse andrücken und überschüssiges Material mit dem Messer entfernen. Setzen Sie den Kopf auf den Körper und drücken Sie ihn fest an.

**4.** Geben Sie den weißen bzw. schwarzen Partien eine Fellstruktur, indem Sie das gerade Ende des Schaschlikspießes leicht in die Modelliermasse drücken. Nase und Mund werden mit dem Messer eingeritzt.

**5.** Bohren Sie die Löcher für die Verbindungen, wie im Grundkurs auf Seite 4/5 beschrieben. Soll das Schäfchen als Anhänger verwendet werden, bohren Sie zusätzlich ein Loch in den Hinterkopf. Nun härten Sie die Modelliermasse entsprechend der Grundanleitung im Ofen.

**6.** Schneiden Sie passende Schnüre oder Lederbändchen zu und verbinden Sie die Einzelteile miteinander. Die genaue Anleitung dazu finden Sie ebenfalls auf Seite 4/5. Zum Schluss malen Sie die Augen mit Lackstiften auf.

**Tipp:** *Lustig sieht es aus, wenn einige Schäfchen der Herde schwarze Punkte im Fell bekommen. Formen Sie dazu eine Rolle aus schwarzer Modelliermasse, von der Sie dünne Scheiben abschneiden, aufdrücken und mit dem Bleistift einrollen (siehe Grundkurs Seite 5).*

## Material

- *Modelliermasse in Weiß, Sahara und Schwarz*
- *Schnur*
- *Schaschlikspieß*
- *Kleines, spitzes Messer*
- *Glatter, runder Buntstift*
- *Lackstifte in Weiß und Schwarz*
- *Schere, Klebstoff*

# Schritt für Schritt

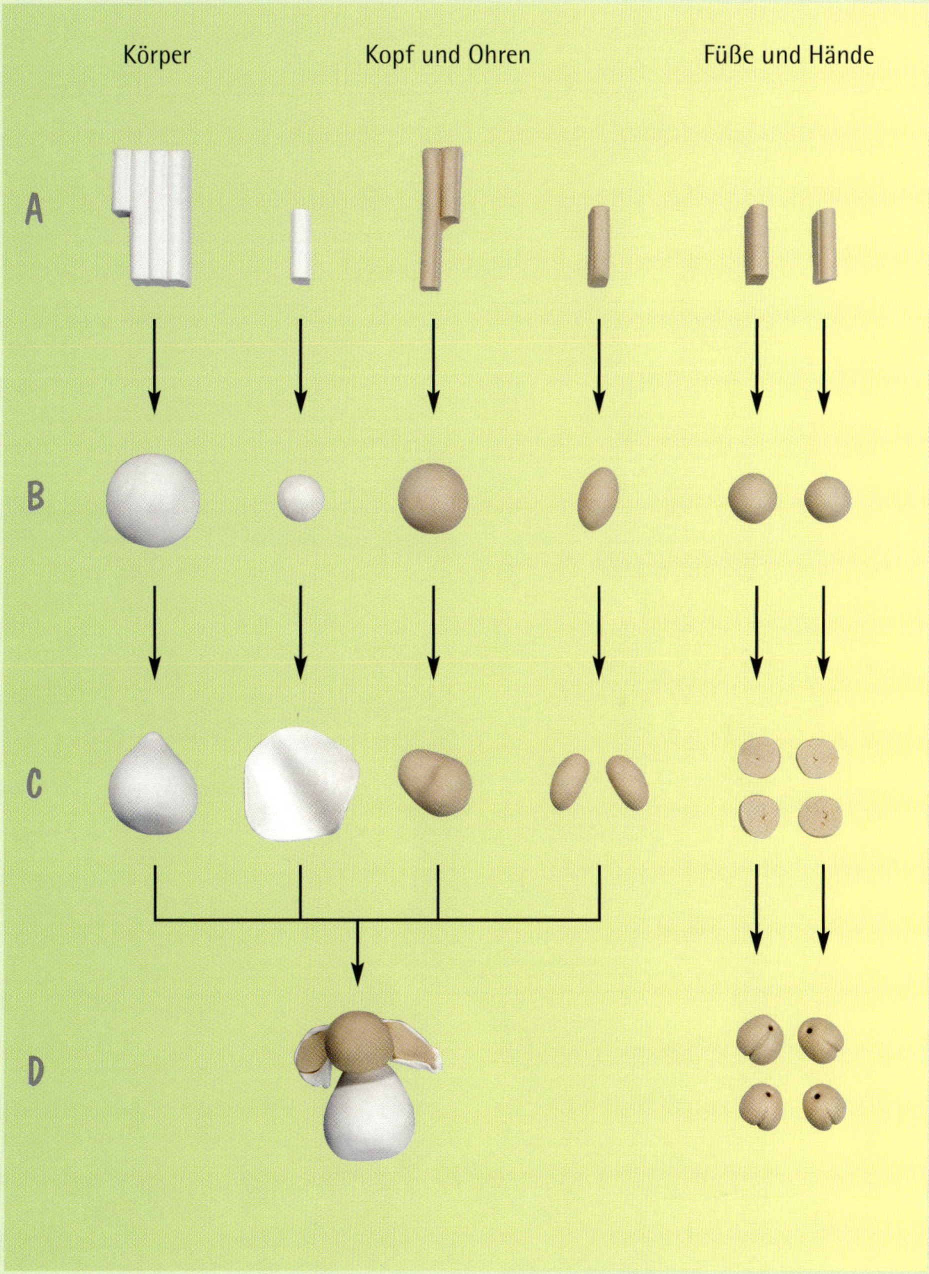

# Im Hühnerstall, da ist was los

1. Teilen Sie die Modelliermasse wie auf der Übersicht gezeigt und formen Sie daraus gleichmäßige Kugeln.

2. Formen Sie die große gelbe Kugel zum Körper. Achten Sie dabei auf eine ausgewogene Form, die sicher steht. Die Kugeln für Flügel und Füße teilen Sie mit einem scharfen Messer in zwei gleich große Halbkugeln und formen sie mit Hilfe des Schaschlikspießes aus. Schnabel, Kamm und Kehllappen formen Sie ebenfalls aus, wie auf der Übersicht gezeigt.

3. Nun platzieren Sie Schnabel, Kamm und Kehllappen am Kopf und drücken sie fest. Ritzen Sie die Schnabelöffnung mit der Messerspitze ein. Für die Punkte formen Sie eine Rolle aus schwarzer Modelliermasse, schneiden dünne Scheiben ab und setzen sie auf den Körper des Huhns (siehe Grundkurs Seite 4/5).

4. Körper und Flügel werden mit dem Schaschlikspieß vollständig durchbohrt, die Füße bohren Sie nur etwa 0,5 bis 1 cm tief an. Stecken Sie ein bis zwei ca. 3 cm lange, farblich passende Federstücke in den Schwanz.

5. Härten Sie die Teile entsprechend der Grundanleitung auf Seite 4/5 im Ofen und verbinden Sie die Teile nach dem Auskühlen.

6. Für die Montage der Flügel verknoten Sie ein Ende der Schnur und fädeln zunächst einen Flügel, dann den Körper und schließlich den zweiten Flügel auf. Die Schnur wiederum verknoten und die überstehenden Enden abschneiden. Die Füße und den Körper verbinden Sie entsprechend der Grundanleitung.

7. Zum Schluss malen Sie die Augen mit Lackstiften auf.

**Tipp:** *Kunterbunt wird es im Hühnerhof, wenn Sie vor dem Härten farbige Punkte oder feine Fäden aus Modelliermasse auf die Hühnerkörper legen, andrücken und mit dem Bleistift glätten.*

## Material

- *Modelliermasse in Schwarz, Gelb, Orange, Rot und nach Wunsch*
- *Schnur*
- *Flaumfedern*
- *Lackstifte in Weiß und Schwarz*
- *Schaschlikspieß*
- *Kleines, spitzes Messer*
- *Glatter, runder Bleistift*
- *Schere*
- *Klebstoff*

# Schritt für Schritt

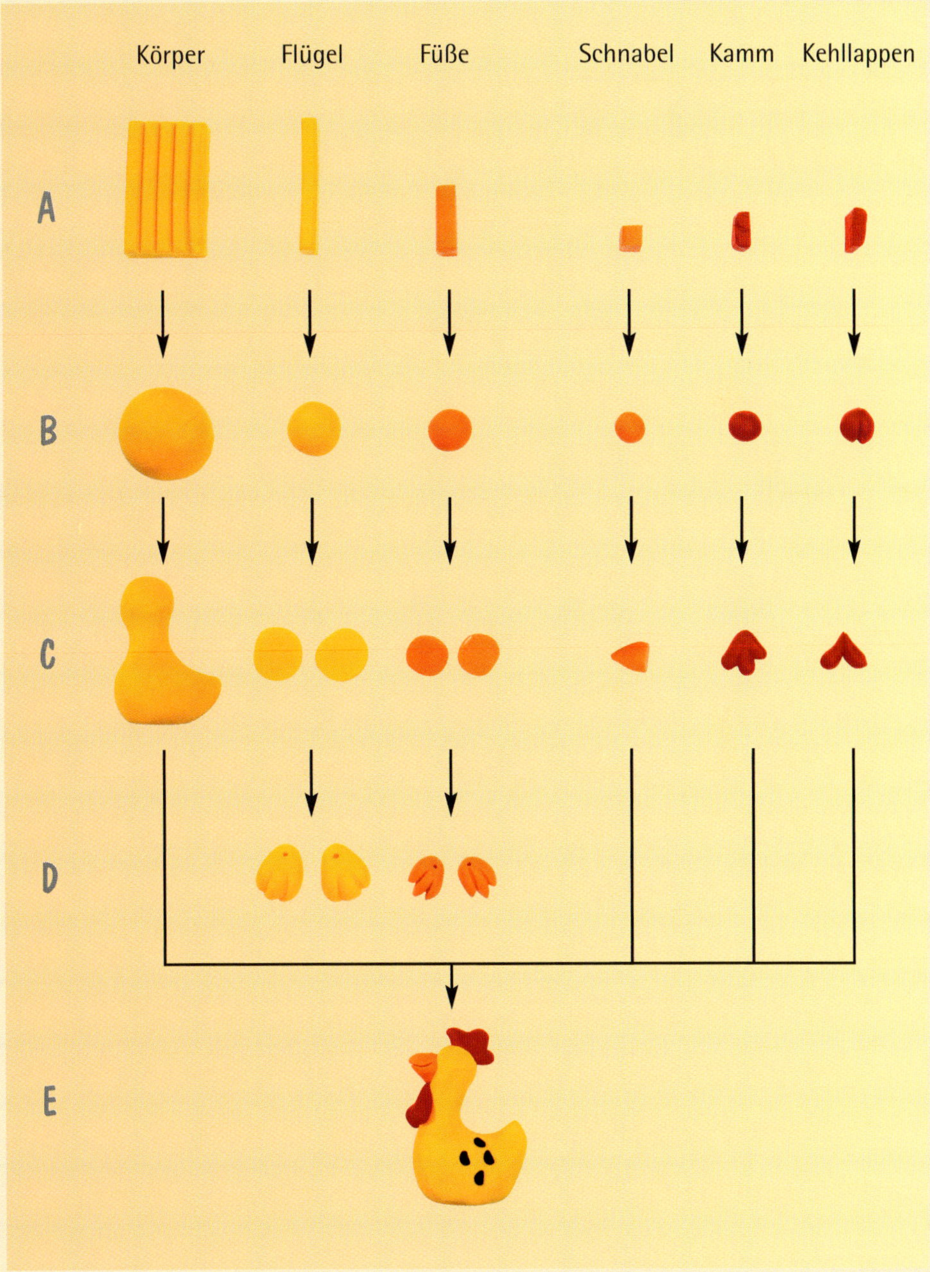

# Kiss me!

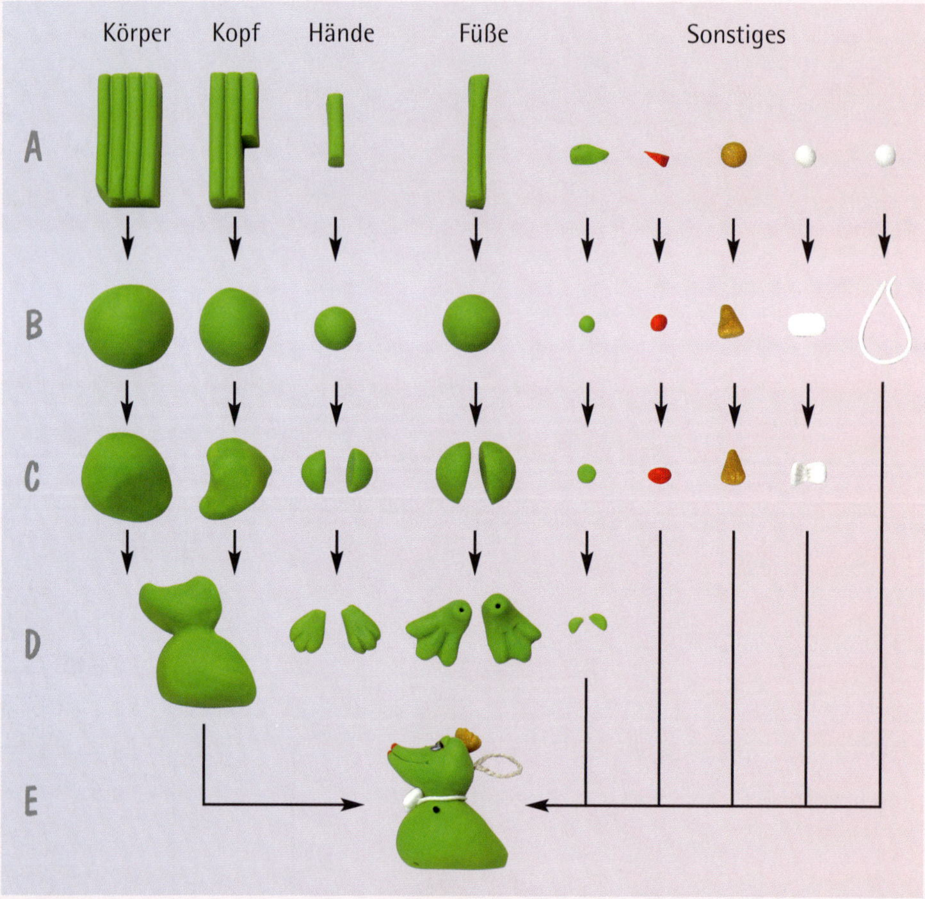


**1.** Teilen Sie die Modelliermasse wie auf der Übersicht gezeigt. Formen Sie daraus in den gezeigten Arbeitsschritten alle Einzelteile des Froschkörpers sowie die Krone und das Bändchen mit Fliege.

**2.** Drücken Sie den Kopf gut auf den Körper und glätten Sie die Übergänge. Krone und Fliege platzieren und vorsichtig festdrücken. Nun setzen Sie die Lippe auf und bringen sie in Form.

**3.** Bohren Sie nun die Löcher für Arme und Beine, härten Sie dann die Figur und setzen Sie sie entsprechend der Grundanleitung auf Seite 4/5 zusammen. Malen Sie die Augen mit Lackstiften auf.

**Tipp:** *Arme und Beine lassen sich gut in Form bringen, wenn Sie einen dünnen Draht um die Verbindungsschnüre wickeln.*

## Material

- Modelliermasse in Apfelgrün, Weiß, Goldglitter und Rot
- Schnur
- Evtl. dünner Draht
- Lackstifte in Schwarz und Weiß
- Schaschlikspieß
- Kleines, spitzes Messer
- Schere
- Klebstoff

# Nicht nur zur Osterzeit

**1.** Teilen Sie die Modelliermasse wie auf der Übersicht gezeigt und formen Sie daraus gleichmäßige Kugeln.

**2.** Aus den beiden großen Kugeln gestalten Sie Kopf und Körper des Hasen. Die kleinste braune Kugel zerteilen Sie mit dem Messer und formen aus den beiden Halbkugeln die Hasenohren.

**3.** Platzieren Sie die Ohren am Kopf und drücken Sie sie fest an. Setzen Sie den Kopf auf den Körper und verbinden Sie beide Teile gut miteinander. Die Übergänge an Hals und Ohren erst mit den Fingern, dann mit dem Bleistift glätten. Formen Sie aus der beigen Kugel eine flache Platte, legen diese auf den Bauch des Hasen und arbeiten sie mit den Fingern oder einem runden Bleistift ein.

**4.** Die rote Kugel teilen Sie ebenfalls mit dem Messer und rollen die Halbkugeln zu jeweils einer dicken Rolle, die Sie zu Socken ausformen. Die gelbe Modelliermasse rollen Sie zwischen den Handflächen zu einer dünnen Schnur, die Sie um die Socken legen und glatt streichen. Aus den weißen Kugeln formen Sie schrittweise Hände und Zähne.

**5.** Eine kleine Kugel aus schwarzer Modelliermasse als Näschen aufsetzen, den Mund mit dem Messer einritzen, dann die Zähne platzieren und festdrücken.

**6.** Bohren Sie mit dem Schaschlikspieß die Löcher für Hände, Füße, Haare und eventuell für einen Aufhänger (siehe Seite 4/5). Das Modell nach Grundanleitung härten, montieren und zum Schluss die Haare einkleben. Zuletzt malen Sie die Augen mit Lackstiften auf.

**Tipp:** *Experimentieren Sie mit den Details! Für die Haare eignet sich Bast oder ein kleiner Fellrest, der Hasenbauch wirkt marmoriert ganz lustig und bei den Ringelsocken sind Ihrer Fantasie keine Grenzen gesetzt.*

## Material

- *Modelliermasse in Braun, Beige, Weiß, Grün, Gelb, Schwarz und nach Wunsch*
- *Schnur*
- *Lackstifte in Weiß und Schwarz*
- *Schaschlikspieß*
- *Kleines, spitzes Messer*
- *Glatter, runder Bleistift*
- *Schere*
- *Klebstoff*

# Schritt für Schritt

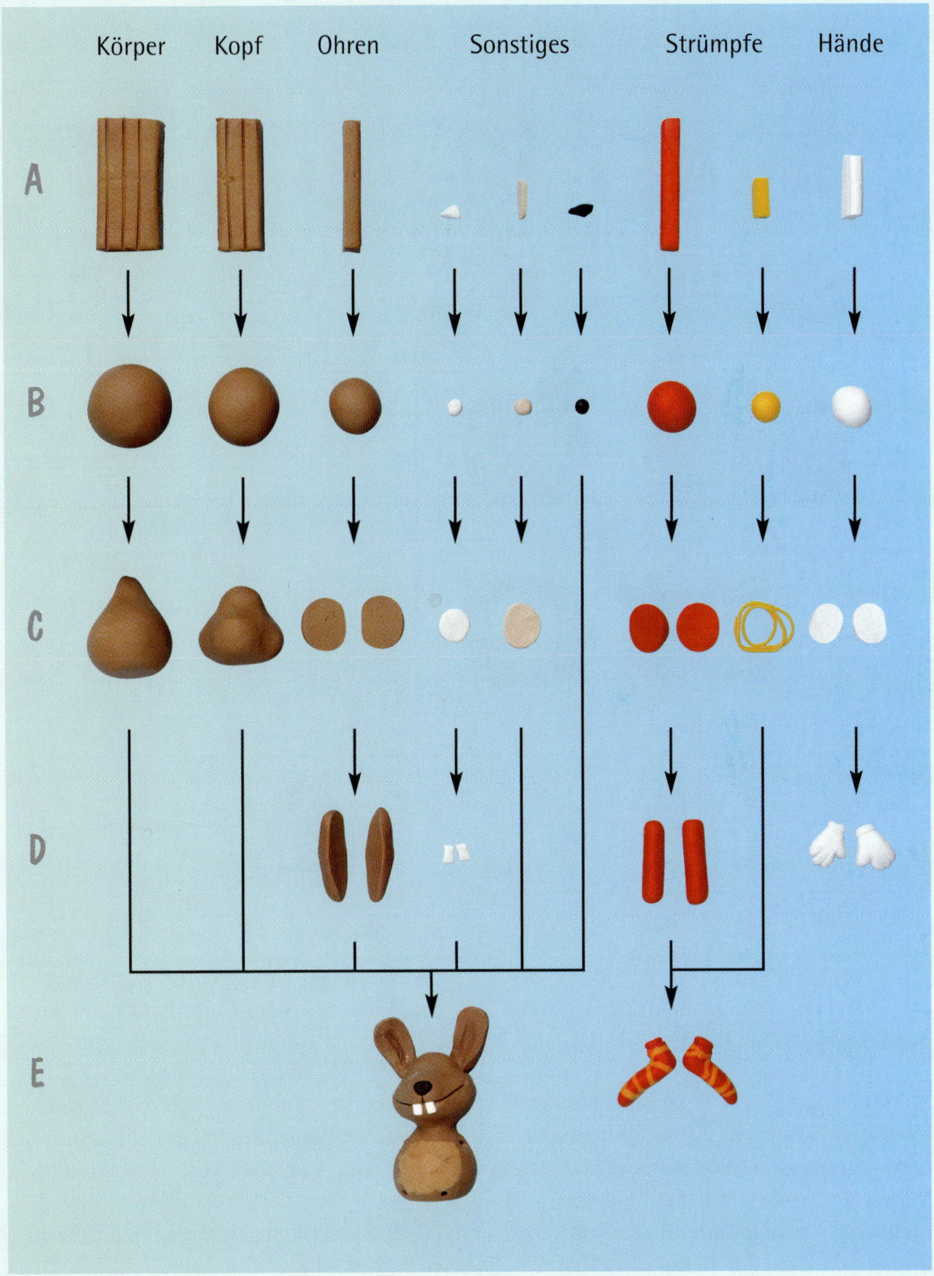

# Ich bring dir Glück

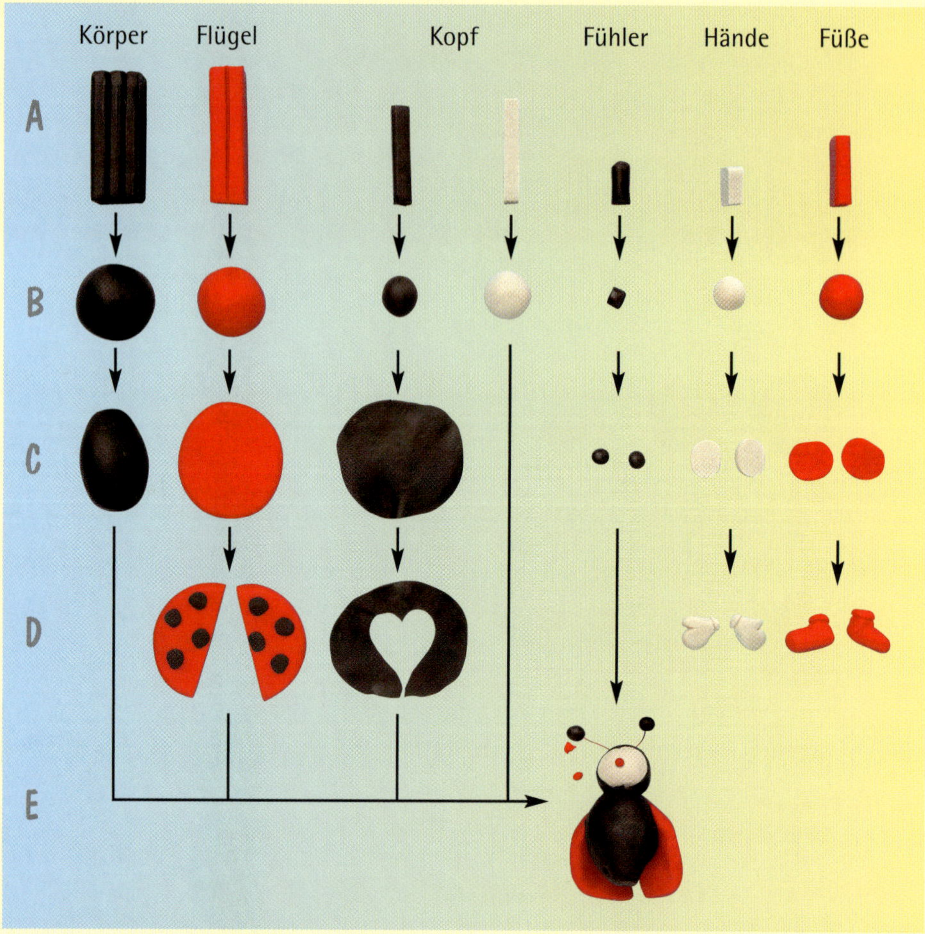


**1.** Teilen Sie die Modelliermasse wie auf der Übersicht gezeigt und formen Sie daraus gleichmäßige Kugeln.

**2.** Gestalten Sie die Einzelteile entsprechend der Übersicht. Schneiden Sie mit dem Messer eine Herzform aus der schwarzen Platte und legen Sie die übrig gebliebene Scheibe so um den Kopf, dass die Spitze in der Mitte der Stirn liegt.

**3.** Die Modelliermasse nun andrücken und überschüssiges Material abschneiden.

**4.** Vervollständigen Sie die Figur wie auf der Übersicht, bohren Sie die Löcher für Arme und Beine und härten alle Teile.

**5.** Nach dem Härten montieren Sie die Einzelteile und malen mit Lackstiften die Gesichtszüge auf.

## Material

- *Modelliermasse in Schwarz, Rot und Sahara*
- *Schnur*
- *Dünner Draht in Rot*
- *Lackstifte in Weiß und Schwarz*
- *Acrylfarbe in Rot*
- *Dünner Pinsel*
- *Schaschlikspieß*
- *Kleines, spitzes Messer*
- *Glatter, runder Bleistift*
- *Schere*
- *Klebstoff*

WANTED

# Coole Jungs am Tresen

**1.** Teilen Sie die Modelliermasse wie auf der Übersicht gezeigt und formen Sie daraus gleichmäßige Kugeln.

**2.** Gestalten Sie daraus die Einzelteile der Figur. Formen Sie die Ohren etwas aus und drücken Sie sie an den Körper. Verbinden Sie Kopf und Körper und glätten Sie alle Übergänge zunächst mit den Fingern und dann mit dem Bleistift.

**3.** Schneiden Sie die Schnur in ca. 2 cm lange Stücke und stecken Sie diese Stücke dicht an dicht als Mähne in den Körper. Drücken Sie mit dem Schaschlikspieß die Modelliermasse gut um die eingesteckten Schnurstücke an, so dass sie fest sitzen.

**4.** Formen Sie nun die Nüstern mit dem stumpfen Ende des Schaschlikspießes aus und ritzen Sie mit dem Messer eine Linie für den Mund ein.

**5.** Bohren Sie die Löcher für Füße, Hände und Aufhänger und härten Sie alle Teile entsprechend der Grundanleitung im Backofen.

**6.** Setzen Sie das Pferd nach dem Auskühlen entsprechend der Grundanleitung auf Seite 4/5 zusammen.

**7.** Malen Sie zum Schluss die Augen mit weißem und schwarzem Lackstift auf.

**Tipp:** *Statt der Mähne aus Schnur können Sie auch eine Mähne aus Modelliermasse gestalten. Dazu formen Sie kleine Dreiecke und drücken sie entsprechend auf den Pferdehals.*

## Material

- *Modelliermasse in Braun, Sahara, Weiß und Schwarz*
- *Schnur, Klebstoff*
- *Schaschlikspieß*
- *Spitzes Messer*
- *Glatter, runder Bleistift*
- *Grobe Paketschnur in Beige, ca. 10 cm*
- *Schere*

# Schritt für Schritt

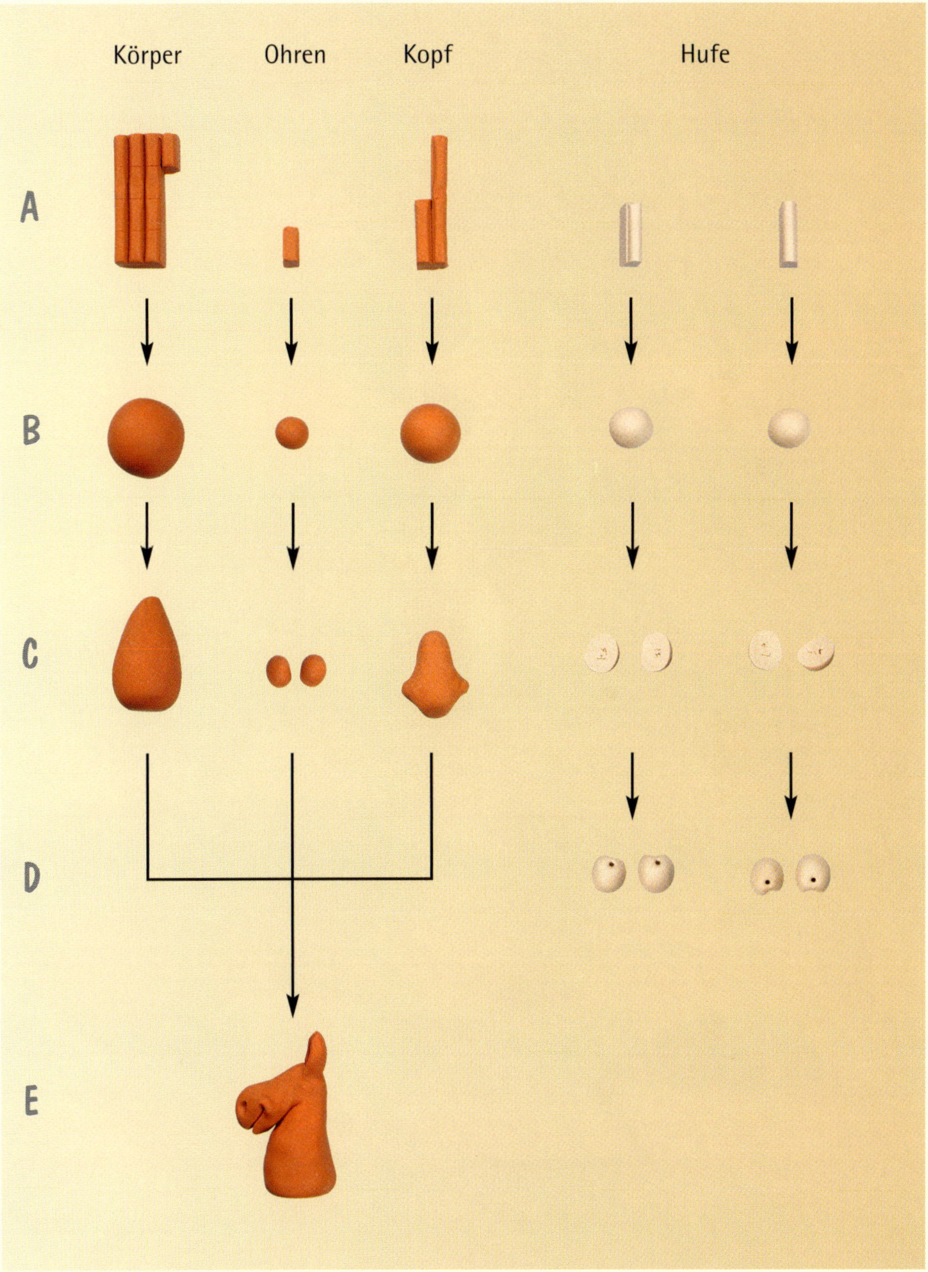

# Fest der bunten Drachen

1. Teilen Sie die Modelliermasse wie auf der Übersicht gezeigt und formen Sie daraus gleichmäßige Kugeln.

2. Gestalten Sie aus den beiden großen pinkfarbenen Kugeln Kopf und Körper und setzen Sie beide Teile zusammen. Glätten Sie die Übergänge zunächst mit dem Finger, dann mit dem Bleistift.

3. Teilen Sie die kleine pinkfarbene Kugel mit dem Messer in zwei Halbkugeln und setzen Sie diese Halbkugeln als Ohren an den Kopf des Drachen an. Die Übergänge wiederum glätten.

4. Teilen Sie ebenfalls die beiden blauen Kugeln und gestalten Sie sie zu Händen und Füßen aus. Bohren Sie mit der stumpfen Seite des Schaschlikspießes jeweils ein etwa 0,5 bis 1 cm tiefes Loch in Hände und Füße sowie eine Öffnung für die spätere Aufhängung.

5. Nun bekommt der kleine Drache seine Punkte. Formen Sie dazu eine dünne Rolle aus blauer Modelliermasse und schneiden Sie davon kleine Scheiben ab.

6. Drücken Sie diese Scheiben verteilt auf den Körper und glätten die Oberfläche dann vorsichtig mit dem Bleistift.

7. Schneiden Sie die Federn in etwa 1,5 cm lange Stücke und stecken Sie diese Abschnitte in den Rücken des Drachen. Mit dem stumpfen Ende des Schaschlikspießes drücken Sie die Nasenlöcher ein, mit dem Messer ziehen Sie die Linie des Mundes.

8. Härten Sie nun alle Teile entsprechend der Grundanleitung auf Seite 4/5 und setzen Sie dann die Figur zusammen. Zum Schluss malen Sie die Augen und weitere kleine Akzente nach Wunsch mit den Lackstiften auf.

**Tipp:** *Der kleine Drachen baumelt besonders gern an Schulranzen und Federmäppchen!*

## Material

- *Modelliermasse in Grün, Pink und Blau*
- *Schnur*
- *Lackstifte in Schwarz, Weiß und Rot*
- *Schaschlikspieß*
- *Kleines, scharfes Messer*
- *Glatter, runder Bleistift*
- *2 Flaumfedern in Pink und Blau*
- *Schere*
- *Klebstoff*

# Schritt für Schritt

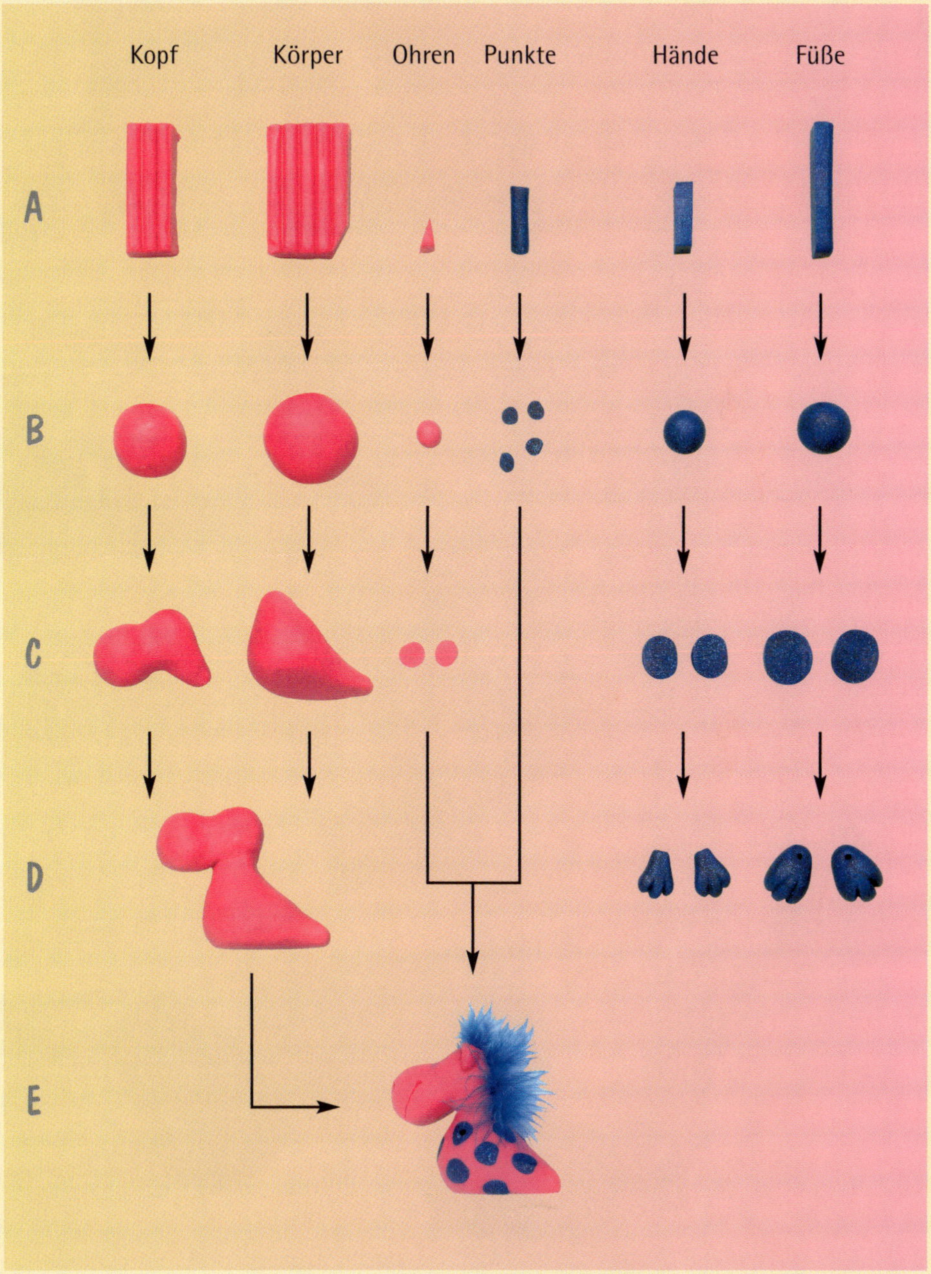

20

# Diese Maus hat viele Mäuse

**1.** Teilen Sie die Modelliermasse wie auf der Übersicht gezeigt und formen Sie daraus gleichmäßige Kugeln.

**2.** Gestalten Sie die beiden großen Kugeln zu Körper und Kopf der Maus und setzen Sie beide Teile zusammen. Die Übergänge glätten Sie zunächst mit den Fingern, dann mit dem Bleistift.

**3.** Teilen Sie die drei kleinen Kugeln mit dem Messer in jeweils zwei Halbkugeln. Modellieren Sie aus den grauen und weißen Halbkugeln die Ohren. Platzieren Sie die Ohren am Kopf und glätten Sie auch hier die Übergänge.

**4.** Die schwarzen und weißen Halbkugeln formen Sie zu Händen und Füßen aus und bohren jeweils ein etwa 0,5 bis 1 cm tiefes Loch hinein. Durchbohren Sie die Kugel für die Schwanzspitze komplett.

**5.** Setzen Sie das Näschen auf und ritzen Sie mit dem Messer den Mund etwas ein, so dass Sie die Zähne fixieren können.

**6.** Bohren Sie die Löcher für die Befestigung von Armen, Beinen, Schwanz und Haarbüschel und härten Sie alle Teile entsprechend der Grundanleitung im Backofen.

**7.** Nach dem Härten verbinden Sie die Einzelteile wie auf Seite 4/5 beschrieben und kleben die Baumwollfäden als Haarbüschel zwischen den Mäuseohren.

**8.** Gestalten Sie zum Schluss mit Lackstiften die Augen und deuten die Bartstoppeln an.

## Material

- *Modelliermasse in Granit, Weiß, Schwarz und Pink*
- *Schnur*
- *Etwas Baumwollgarn in Weiß oder Beige und Pink*
- *Schaschlikspieß*
- *Lackstifte in Schwarz und Weiß*
- *Kleines, spitzes Messer*
- *Glatter, runder Bleistift*
- *Schere, Klebstoff*

# Schritt für Schritt

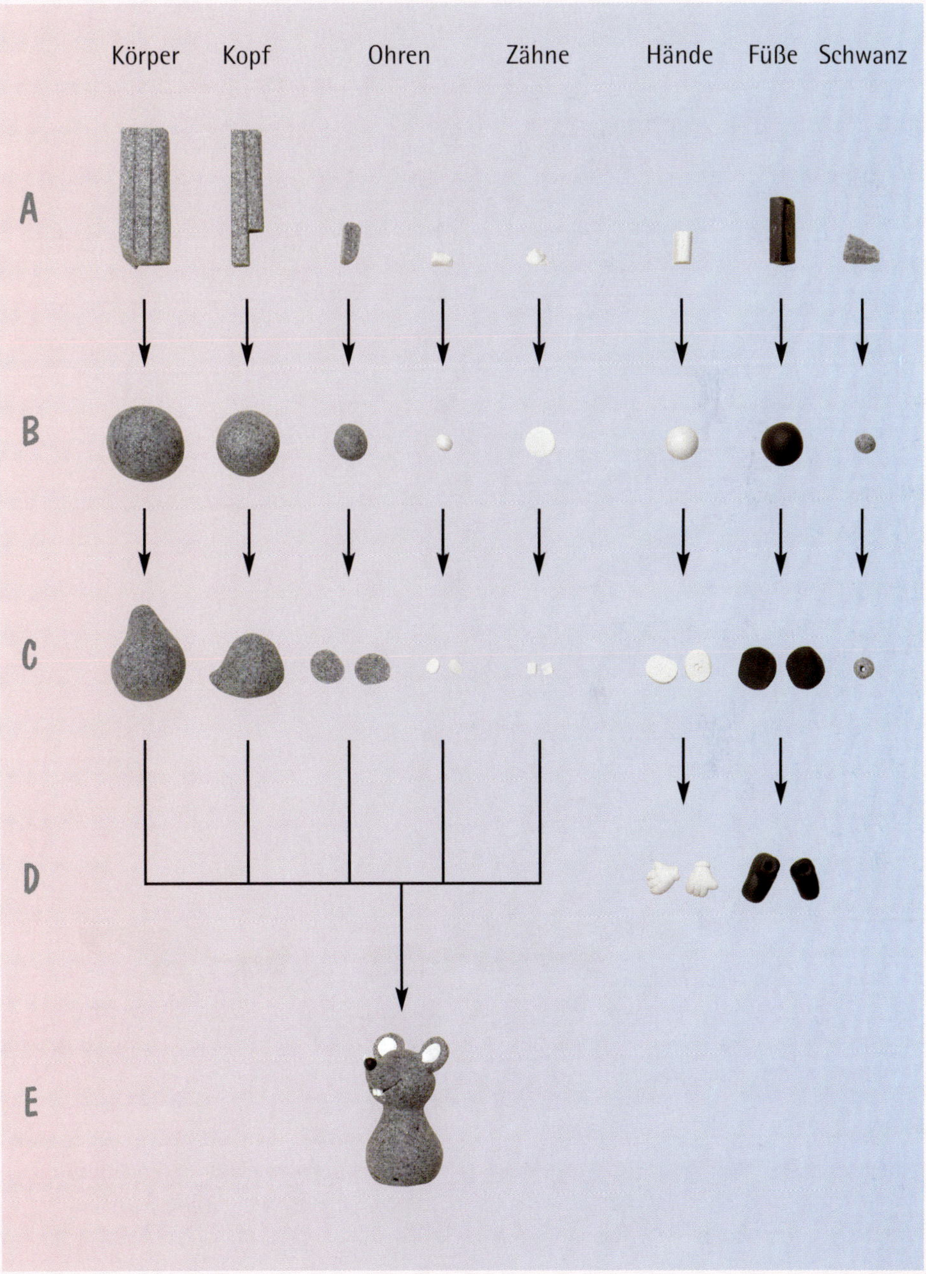

# Schwein muss man haben

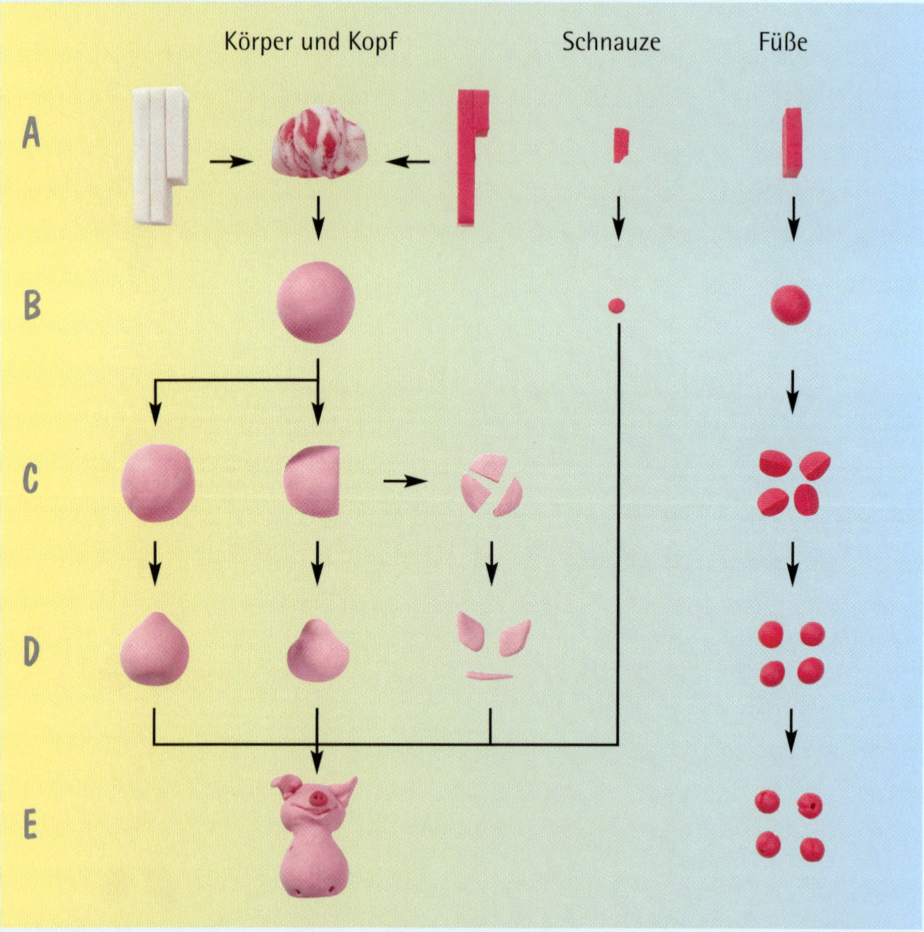


**1.** Teilen Sie die Modelliermasse und verkneten Sie die weißen und pinkfarbenen Rippen sorgfältig, bis ein gleichmäßiger Rosaton entsteht.

**2.** Halbieren Sie die Kugel und teilen von einer der Kugeln ein Drittel ab. Formen Sie daraus dann die Ohren und den Schwanz, aus der größeren Kugel den Körper und aus der kleineren den Kopf.

**3.** Formen Sie Füße, Hände und Schnauze entsprechend der Übersicht und härten Sie alle Teile im Backofen (siehe Grundanleitung Seite 4/5).

**4.** Setzen Sie die Figur wie in der Grundanleitung beschrieben zusammen und malen Sie zum Schluss die Augen auf.

## Material

- *Modelliermasse in Weiß und Pink*
- *Schnur*
- *Schaschlikspieß*
- *Lackstift in Schwarz und Weiß*
- *Kleines, spitzes Messer*
- *Glatter, runder Bleistift*
- *Schere*
- *Klebstoff*
- *Etwas Schnur für den Haarschopf*

# Sei nicht brummig!

**1.** Teilen Sie die Modelliermasse wie auf der Übersicht gezeigt und formen Sie daraus gleichmäßige Kugeln.

**2.** Gestalten Sie die beiden größten Kugeln zu Körper und Kopf und setzen Sie die Teile aufeinander. Glätten Sie die Übergänge zunächst mit dem Finger, dann mit dem runden Bleistift. Setzen Sie die kleine schwarze Kugel als Nase auf.

**3.** Die rote Kugel drücken Sie zu einer flachen Scheibe und schneiden mit dem Messer die Herzform heraus. Das Herz dann auf den Bärenbauch auflegen, andrücken und mit den Fingern und dem Bleistift einarbeiten.

**4.** Teilen Sie die kleine Kugel und arbeiten Sie die Halbkugeln zu Ohren aus. Dann die Ohren am Kopf anbringen und die Übergänge wiederum glätten.

**5.** Setzen Sie nun die schwarze Kugel für die Nase auf und ritzen Sie mit dem Messer den Mund ein.

**6.** Die Fellstruktur entsteht, wenn Sie nun mit eine alte Zahnbürste leicht in die Modelliermasse drücken oder, wie beim weißen Bär, mit der Spitze des Schaschlikspießes feine unregelmäßige Linien eindrücken.

**7.** Formen Sie Füße und Hände aus und bohren Sie Löcher in alle Teile. Nach dem Härten setzen Sie die Figur wie im Grundkurs auf Seite 4/5 beschrieben zusammen und malen mit den Lackstiften noch die Augen und die Brauen auf.

**Tipp:** *Lustig sehen auch unregelmäßige Felltupfen aus, die Sie wie beim Herz beschrieben auf den Bärenkörper auflegen und einarbeiten.*

## Material

- *Modelliermasse in Cognac, Weiß, Orange, Braun, Schwarz und Rot*
- *Schnur oder Lederbändchen*
- *Schaschlikspieß*
- *Lackstifte in Weiß und Schwarz*
- *Kleines, scharfes Messer*
- *Glatter, runder Bleistift*
- *Schere*
- *Klebstoff*
- *Evtl. alte Zahnbürste*

# Schritt für Schritt

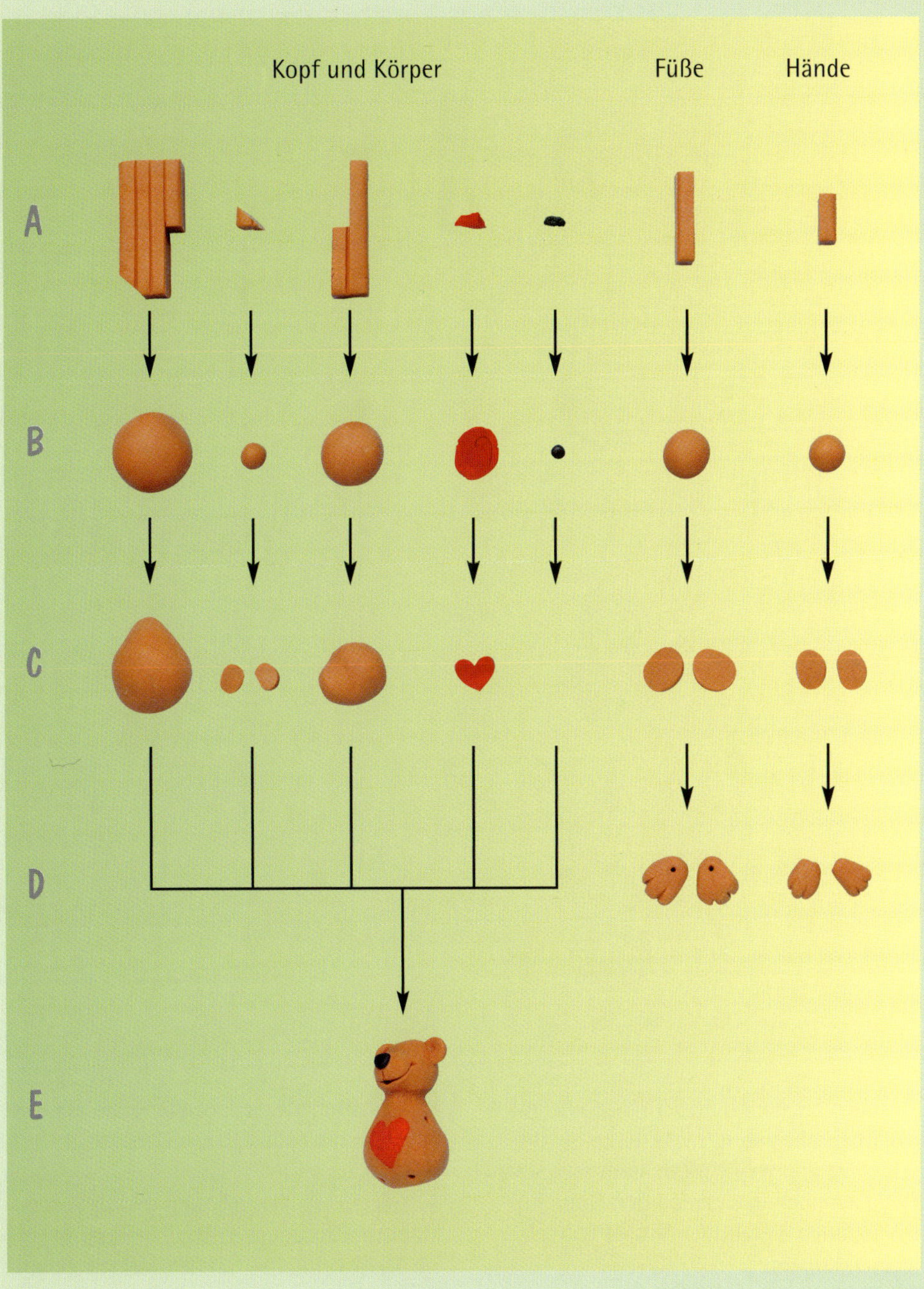

# Ja, wer schaut denn da?

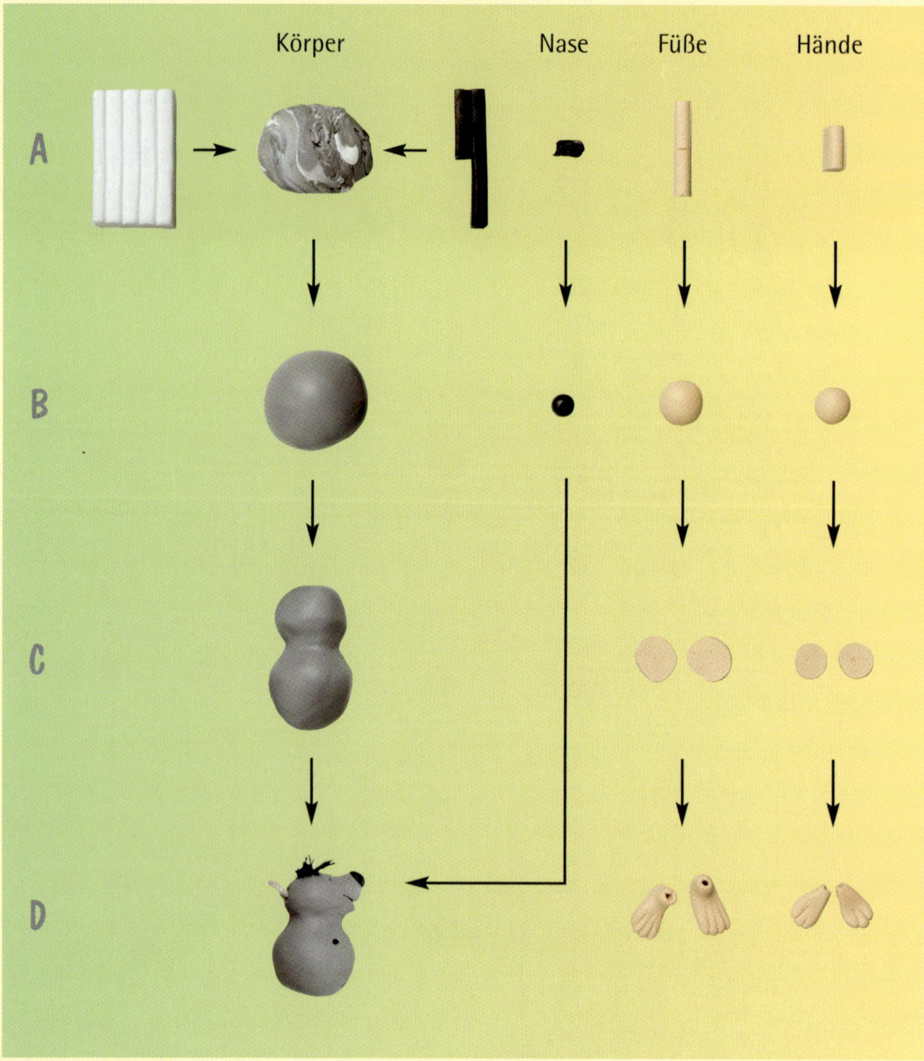


**1.** Teilen Sie die Modelliermasse wie auf der Übersicht gezeigt. Verkneten Sie die schwarze und weiße Modelliermasse sorgfältig zu einem gleichmäßigen Grau. Rollen Sie auch die übrigen Rippenteile zu kleinen Kugeln.

**2.** Gestalten Sie die Einzelteile des Körpers mit Hilfe des Schaschlikspießes aus.

**3.** Härten Sie alle Teile und setzen Sie den Maulwurf zusammen. Abschließend malen Sie die Gesichtszüge mit den Lackstiften auf.

## Material

- Modelliermasse in Weiß, Schwarz und Sahara
- Schnur
- Schaschlikspieß
- Lackstifte in Weiß und Schwarz
- Kleines, spitzes Messer
- Glatter, runder Bleistift
- Schere
- Klebstoff
- Schwarze oder dunkle Flaumfeder

# Immer mit der Ruhe

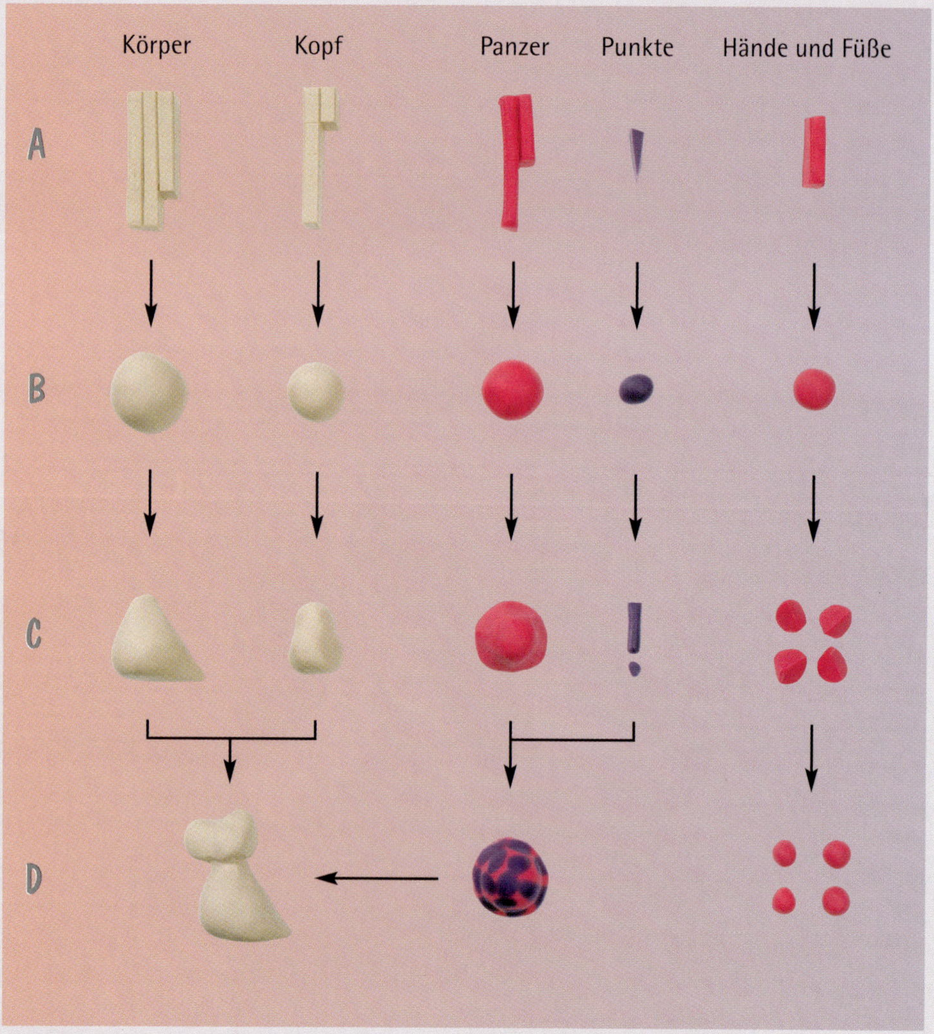


**1.** Teilen Sie die Modelliermasse wie auf der Übersicht gezeigt und formen Sie daraus gleichmäßige Kugeln.

**2.** Gestalten Sie die einzelnen Körperteile und arbeiten Sie die Punkte in den Panzer ein. Den Panzer an den Körper drücken.

**3.** Bohren Sie die Löcher für Beine, Arme und den Haarschopf.

**4.** Härten Sie die Teile nach Grundanleitung und setzen Sie die kleine Schildkröte zusammen. Kleben Sie zum Schluss die Zauberwolle für den Haarschopf ein.

## Material

- *Modelliermasse in Sahara, Pink und Lila*
- *Schnur oder Lederbändchen*
- *Etwas Zauberwolle in Pink*
- *Schaschlikspieß*
- *Kleines, spitzes Messer*
- *Glatter, runder Bleistift*
- *Schere, Klebstoff*

# Jeder braucht seinen Vogel

**1.** Teilen Sie die Modelliermasse für den Raben wie auf der Übersicht gezeigt und rollen Sie daraus gleichmäßige Kugeln.

**2.** Aus der großen schwarzen Kugel gestalten Sie den Rabenkörper, die kleine schwarze Kugel wird zu den Flügeln, die beiden gelben Kugeln zum Schnabel und zu den Füßen.

**3.** Den Schnabel am Kopf ansetzen und festdrücken. Kürzen Sie die Flaumfeder auf ca. 3 cm und stecken Sie sie in das Schwanzende.

**4.** Ein ca. 1 cm langes Stück Flaumfeder stecken Sie als Haarbüschel in den Kopf. Achten Sie dabei darauf, die Feder so tief einzustecken, dass der Kiel nicht mehr sichtbar ist.

**5.** Nun bohren Sie die Löcher für die spätere Verbindung und härten alle Teile entsprechend der Grundanleitung. Montieren Sie die Einzelteile nach dem Auskühlen wie in der Grundanleitung auf Seite 4/5 beschrieben und malen Sie die Gesichtszüge mit Lackstiften auf.

**Tipp:** *Bei Form und Gestaltung der Vögel sind Ihrer Fantasie keine Grenzen gesetzt. Je bunter, umso lustiger und dekorativer wirkt das Federvieh. Experimentieren Sie mit unterschiedlichen Grundformen, mit Farben und mit der Gestaltung des Gefieders. Beachten Sie dabei, dass die benötigten Mengen an Modelliermasse gegenüber denen des Raben variieren können.*

## Material

- *Modelliermasse in Schwarz und Gelb (für den Raben)*
- *Modelliermasse nach Wunsch (für die weiteren Vögel)*
- *Schnur*
- *Flaumfedern*
- *Lackstifte in Weiß und Schwarz*
- *Schaschlikspieß*
- *Kleines, spitzes Messer*
- *Schere*
- *Klebstoff*

# Schritt für Schritt

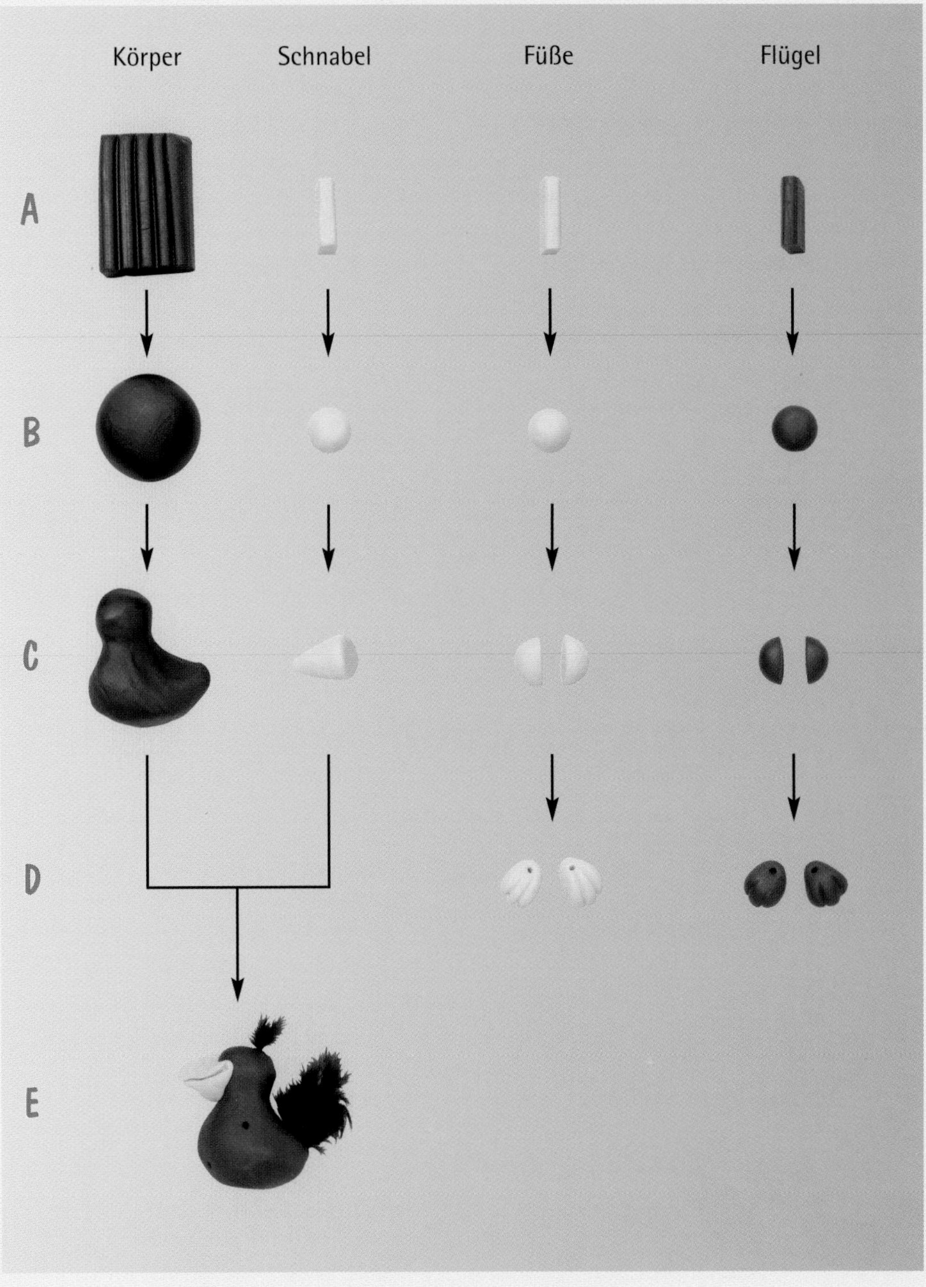

# Impressum

**Entwürfe und Realisation:** Liesa Bastian
**Lektorat:** Sabine Fels
**Umschlagfoto:** Fotostudio Oswald, Schwörstadt
**Fotos:** Inge Ofenstein, München
**Styling:** Ulrike Hundhammer
**Umschlaggestaltung:** Dirk Beestermöller
**Layout und Produktion:** buchkonzept@web.de
**Druck und Verarbeitung:** J.P. Himmer, Augsburg

ISBN 3-89858-348-1



# Herstellerverzeichnis:

**Modelliermasse:**
Eberhard Farber GmbH,
über Hobby- und Bastelfachhandel

Die Autorin dankt der Fa. Eberhard Faber für die freundliche Unterstützung.